Ingeborg Bachmann
Liebe: Dunkler Erdteil

Serie Piper
Band 330

Zu diesem Buch

Die Gedichte des vorliegenden Bandes, bislang nur im ersten Band der Werke Ingeborg Bachmanns und in den »Sämtlichen Gedichten« versammelt, liegen hiermit erstmals als Einzelausgabe vor. Mit Ausnahme der beiden zu Lebzeiten der Dichterin erschienenen Lyrikbände »Die gestundete Zeit« und »Anrufung des Großen Bären« enthält sie alle jemals publizierten Gedichte sowie etliche aus dem Nachlaß.

Ingeborg Bachmann, geboren 1926 in Klagenfurt. Lyrikerin, Erzählerin, Hörspielautorin, Essayistin. 1952 erste Lesung bei der Gruppe 47. Preise: Preis der Gruppe 47, Bremer Literaturpreis, Hörspielpreis der Kriegsblinden, Berliner Kritikerpreis, Georg-Büchner-Preis, Großer Österreichischer Staatspreis, Anton-Wildgans-Preis. Lebte nach Aufenthalten in München und Zürich viele Jahre in Rom, wo sie 1973 starb.

Ingeborg Bachmann

Liebe: Dunkler Erdteil

Gedichte aus den Jahren 1942–1967

Piper

München Zürich

Entnommen der leicht verbesserten Neuauflage der Werkausgabe:
Ingeborg Bachmann, Werke. Erster Band: Gedichte – Hörspiele – Libretti – Übersetzungen; herausgegeben von Christine Koschel, Inge von Weidenbaum, Clemens Münster.
R. Piper & Co. Verlag, München/Zürich 1982

ISBN 3-492-00630-2
September 1984

Umschlag: Federico Luci, unter Verwendung des Gemäldes »Der hungrige Löwe zerfleischt Antilope« (1905) von Henri Rousseau
Gesamtherstellung: Clausen & Bosse, Leck
Printed in Germany

Inhalt

I Jugendgedichte

»ICH.«

[...]

2

Sklaverei ertrag ich nicht
Ich bin immer ich
Will mich irgend etwas beugen
Lieber breche ich.

Kommt des Schicksals Härte
oder Menschenmacht
Hier, so bin ich und so bleib ich
Und so bleib ich bis zur letzten Kraft.

Darum bin ich stets nur eines
Ich bin immer ich
Steige ich, so steig ich hoch
Falle ich, so fall ich ganz.

BEWEGUNG DES HERZENS

Auswahl

NACH GRAUEN TAGEN

Eine einzige Stunde frei sein!
Frei, fern!
Wie Nachtlieder in den Sphären.
Und hoch fliegen über den Tagen
möchte ich
und das Vergessen suchen – – –
über das dunkle Wasser gehen
nach weißen Rosen,
meiner Seele Flügel geben
und, oh Gott, nichts wissen mehr
von der Bitterkeit langer Nächte,
in denen die Augen groß werden
vor namenloser Not.
Tränen liegen auf meinen Wangen
aus den Nächten des Irrsinns,
des Wahnes schöner Hoffnung,
dem Wunsch, Ketten zu brechen
und Licht zu trinken – – –
Eine einzige Stunde Licht schauen!
Eine einzige Stunde frei sein!

AUFBLICKEND

Daß ich nach schalem Genusse,
Erniedrigt, bitter und lichtlos
Mich fasse und in mich greife,
Macht mich noch wert.
Ich bin ein Strom
Mit Wellen, die Ufer suchen,
Schattende Büsche im Sand,
Wärmende Strahlen von Sonne,
Wenn auch für einmal nur.

Mein Weg aber ist ohne Erbarmen.
Sein Fall drückt mich zum Meer.
Großes, herrliches Meer!
Ich weiß keinen Wunsch auf diesen,
Als strömend mich zu verschütten
In die unendlichste See.

Wie kann ein Begehren,
Süßere Ufer zu grüßen,
Gefangen mich halten,
Wenn ich vom letzten Sinne
Immer noch weiß!

ICH FRAGE

Ich frage mich alle Stunden tausendmal,
Woher mir dieses Lastbewußtsein kam,
Dies dumpfe immer tiefer Schmerzen.
Ich habe alle Freude längst verloren,
Mich zu empfinden in den Mattigkeiten,
Ich bin gequält in meinem Weiterschreiten
Und bitter, daß ich mich nicht wehren kann.

Ich schüttel mich in himmelwärt'ger Schau,
Versuch mich in Genuß und Raserei.
Ich bin mit Gott und seiner Welt zerfallen
Und habe selbst im Knieen nie gefühlt,
Daß es den Demutfrieden gibt,
Den alle andern sich so leicht erdienen.

Ich muß doch Gottes sein, in allem Widerspruch.
Ihn so zu glauben, wie ich glauben muß,
Muß er notwendig mich aus seinem Strahle geben.
Wie bist du müde, Welt, die mich geboren,
Einzig bereit, mir Ketten aufzudrücken
Und, wo ich lodern kann und mich entzücken,
Mir deine Schatten fester einzugraben.

IM SOMMER

Zwischen Schlaf und Träumen
In üppigen Wiesen
Wandert mein Blick auf
In die unendlichen Höhen.
Welch ein schäumendes Leben!
Wolke auf Wolke entschwebt
Wie die glühenden Stunden,
Die werden versinken
Mitten ins dunkle Weh
Des moorigen Teiches.
Nichts regt sich in mir,
Durch die sengende Hitze
Bin ich in Ruhe geworfen.
Tag folgt auf Tag.
Meine Augen sehen sie immer,
Die goldene Sonne.
Einmal wird sie bleiben,
Dort wo ein Schatten aufwölkt.
Bitterlich ist das Versäumen.

SCHRANKEN

Zündest du Lichter an
und große Feuer
mit weiten Scheinen
ohne Ende.

Wirfst du in schleiernden Rauch
züngelnde Fackeln,
streust du aus Augen und Herz,
was du besitzt.

Immer nur ist es Versuch,
tastender Weg,
immer dein Bild nur,
das du vom Lichte trägst.

EINEM WINTER ENTGEGEN ...

I

Ich wollte nie so versinken
und ich will nicht glauben,
daß die heiligen Stunden,
die selbst im Trubel ich fand,
mich verließen wie launische Winde.

Ich werde wandern und suchen.
Und wenn ich einmal sie finde,
werde ich nie mehr lassen,
daß die leidigen Tage
mich fransen wie seidiges Tuch.

Ich hatte Einsamkeit und weine,
daß ich so leicht sie ließ,
dem sie kam zu geben.
Sicher kam sie zu geben,
während mich Schlaf umfing!

II

Schmerzend ist jede Nacht,
Wenn du den sterbenden Tag,
Gefesselt, ihn ganz zu erfüllen,
Still hast bedacht.

Klaffend ein tiefer Grund
Zwischen gewolltem Sein
Und seines schalen Erfüllens
Engendem Rund.

Wenn du im Traume auch
Oft schon umschlungen hast
Himmel und herrliche Höhen,
Bleibt es beim Traum.

II Gedichte 1948–1953

[ABENDS FRAG ICH MEINE MUTTER]

Abends frag ich meine Mutter
heimlich nach dem Glockenläuten,
wie ich mir die Tage deuten
und die Nacht bereiten soll.

Tief im Grund verlang ich immer
alles restlos zu erzählen,
in Akkorden auszuwählen,
was an Klängen mich umspielt.

Leise lauschen wir zusammen:
meine Mutter träumt mich wieder,
und sie trifft, wie alte Lieder,
meines Wesens Dur und Moll.

[WIR GEHEN, DIE HERZEN IM STAUB]

Wir gehen, die Herzen im Staub,
und lange schon hart am Versagen.
Man hört uns nur nicht, ist zu taub,
um das Stöhnen im Staub zu beklagen.

Wir singen, den Ton in der Brust.
Dort ist er noch niemals entsprungen.
Nur manchmal hat einer gewußt:
wir sind nicht zum Bleiben gezwungen.

Wir halten. Beenden den Trott.
Sonst ist auch das Ende verdorben.
Und richten die Augen auf Gott:
wir haben den Abschied erworben!

[ES KÖNNTE VIEL BEDEUTEN]

Es könnte viel bedeuten: wir vergehen,
wir kommen ungefragt und müssen weichen.
Doch daß wir sprechen und uns nicht verstehen
und keinen Augenblick des andern Hand erreichen,

zerschlägt so viel: wir werden nicht bestehen.
Schon den Versuch bedrohen fremde Zeichen,
und das Verlangen, tief uns anzusehen,
durchtrennt ein Kreuz, uns einsam auszustreichen.

ENTFREMDUNG

In den Bäumen kann ich keine Bäume mehr sehen.
Die Äste haben nicht die Blätter, die sie in den Wind halten.
Die Früchte sind süß, aber ohne Liebe.
Sie sättigen nicht einmal.
Was soll nur werden?
Vor meinen Augen flieht der Wald,
vor meinem Ohr schließen die Vögel den Mund,
für mich wird keine Wiese zum Bett.
Ich bin satt vor der Zeit
und hungre nach ihr.
Was soll nur werden?

Auf den Bergen werden nachts die Feuer brennen.
Soll ich mich aufmachen, mich allem wieder nähern?

Ich kann in keinem Weg mehr einen Weg sehen.

BETRUNKNER ABEND

Betrunkner Abend, voll vom blauen Licht,
taumelt ans Fenster und begehrt zu singen.
Die Scheiben drängen furchtsam sich und dicht,
in denen seine Schatten sich verfingen.

Er schwankt verdunkelnd um das Häusermeer,
trifft auf ein Kind, es schreiend zu verjagen,
und atmet keuchend hinter allem her,
Beängstigendes flüsternd auszusagen.

Im feuchten Hof am dunklen Mauerrand
tummelt mit Ratten er sich in den Ecken.
Ein Weib, in grau verschlissenem Gewand,
weicht vor ihm weg, sich tiefer zu verstecken.

Am Brunnen rinnt ein dünner Faden noch,
ein Tropfen läuft, den andern zu erhaschen;
dort trinkt er jäh aus rostverschleimtem Loch
und hilft, die schwarzen Gossen mitzuwaschen.

Betrunkner Abend, voll vom blauen Licht,
taumelt ins Fenster und beginnt zu singen.
Die Scheiben brechen. Blutend im Gesicht
dringt er herein, mit meinem Graun zu ringen.

HINTER DER WAND

Ich hänge als Schnee von den Zweigen
in den Frühling des Tals,
als kalte Quelle treibe ich im Wind,
feucht fall ich in die Blüten
als ein Tropfen,
um den sie faulen
wie um einen Sumpf.
Ich bin das Immerzu-ans-Sterben-Denken.

Ich fliege, denn ich kann nicht ruhig gehen,
durch aller Himmel sichere Gebäude
und stürze Pfeiler um und höhle Mauern.
Ich warne, denn ich kann des Nachts nicht schlafen,
die andern mit des Meeres fernem Rauschen.
Ich steige in den Mund der Wasserfälle,
und von den Bergen lös ich polterndes Geröll.

Ich bin der großen Weltangst Kind,
die in den Frieden und die Freude hängt
wie Glockenschläge in des Tages Schreiten
und wie die Sense in den reifen Acker.

Ich bin das Immerzu-ans-Sterben-Denken.

[BEIM HUFSCHLAG DER NACHT]

Beim Hufschlag der Nacht, des schwarzen Hengstes vorm Tor,
zittert mein Herz noch wie einst und reicht mir den Sattel im Flug,
rot wie das Halfter, das Diomedes mir lieh.
Gewaltig sprengt der Wind mir auf dunkler Straße voran
und teilt das schwarze Gelock der schlafenden Bäume,
daß die vom Mondlicht nassen Früchte
erschrocken auf Schulter und Schwert springen,
und ich schleudre
die Peitsche auf einen erloschenen Stern.
Nur einmal verhalt ich den Schritt, deine treulosen Lippen zu
küssen, schon fängt sich dein Haar in den Zügeln,
und dein Schuh schleift im Staub.

Und ich hör deinen Atem noch
und das Wort, mit dem du mich schlugst.

DEM ABEND GESAGT

Meine Zweifel, bitter und ungestillt,
versickern in den Abendtiefen.
Müdigkeit singt an meinem Ohr.
Ich lausche ...
Das war doch gestern schon!
Das kommt und geht doch wieder!

Die Schlafwege kenn ich bis ins süßeste Gefild.
Ich will dort nimmer gehen.
Noch weiß ich nicht, wo mir der dunkle See
die Qual vollendet.
Ein Spiegel soll dort liegen,
klar und dicht,
und will uns,
funkelnd vor Schmerz,
die Gründe zeigen.

VISION

Jetzt schon zum dritten Mal der Donnerschlag!
Und aus dem Meer taucht langsam Schiff auf Schiff.
Versunkne Schiffe mit verkohltem Mast,
versunkne Schiffe mit zerschossner Brust,
mit halbzerfetztem Leib.

Und schwimmen stumm,
unhörbar durch die Nacht.
Und keine Welle schließt sich hinter ihnen.

Sie haben keinen Weg, sie werden keinen finden,
kein Wind wird wagen, fest in sie zu greifen,
kein Hafen wird sich öffnen.
Der Leuchtturm kann sich schlafend stellen!

Wenn diese Schiffe bis ans Ufer kommen …
Nein, nicht ans Ufer!
Wir werden sterben wie die Fischzüge,
die rund um sie auf breiten Wogen wiegen
zu abertausend Leichen!

MENSCHENLOS

Verwunschnes Wolkenschloß, in dem wir treiben …
Wer weiß, ob wir nicht schon durch viele Himmel
so ziehen mit verglasten Augen?
Wir, in die Zeit verbannt
und aus dem Raum gestoßen,
wir, Flieger durch die Nacht und Bodenlose.

Wer weiß, ob wir nicht schon um Gott geflogen,
und, weil wir pfeilschnell schäumten ohne ihn zu sehen
und unsre Samen weiterschleuderten,
um in noch dunkleren Geschlechtern fortzuleben,
jetzt schuldhaft treiben?

Wer weiß, ob wir nicht lange, lang schon sterben?
Der Wolkenball mit uns strebt immer höher.
Die dünne Luft lähmt heute schon die Hände,
und wenn die Stimme bricht und unser Atem steht …?
Bleibt die Verwunschenheit für letzte Augenblicke?

WIE SOLL ICH MICH NENNEN?

Einmal war ich ein Baum und gebunden,
dann entschlüpft ich als Vogel und war frei,
in einen Graben gefesselt gefunden,
entließ mich berstend ein schmutziges Ei.

Wie halt ich mich? Ich habe vergessen,
woher ich komme und wohin ich geh,
ich bin von vielen Leibern besessen,
ein harter Dorn und ein flüchtendes Reh.

Freund bin ich heute den Ahornzweigen,
morgen vergehe ich mich an dem Stamm …
Wann begann die Schuld ihren Reigen,
mit dem ich von Samen zu Samen schwamm?

Aber in mir singt noch ein Beginnen
– oder ein Enden – und wehrt meiner Flucht,
ich will dem Pfeil dieser Schuld entrinnen,
der mich in Sandkorn und Wildente sucht.

Vielleicht kann ich mich einmal erkennen,
eine Taube einen rollenden Stein …
Ein Wort nur fehlt! Wie soll ich mich nennen,
ohne in anderer Sprache zu sein.

[DIE HÄFEN WAREN GEÖFFNET]

Die Häfen waren geöffnet. Wir schifften uns ein,
die Segel voraus, den Traum über Bord,
Stahl an den Knien und Lachen um unsere Haare,
denn unsere Ruder trafen ins Meer, schneller als Gott.

Unsere Ruder schlugen die Schaufeln Gottes und teilten die Flut;
vorne war Tag, und hinten blieben die Nächte,
oben war unser Stern, und unten versanken die andern,
draußen verstummte der Sturm, und drinnen wuchs unsre Faust.

Erst als ein Regen entbrannte, lauschten wir wieder;
Speere stürzten herab und Engel traten hervor,
hefteten schwärzere Augen in unsere schwarzen.
Vernichtet standen wir da. Unser Wappen flog auf:

Ein Kreuz im Blut und ein größeres Schiff überm Herzen.

[DIE WELT IST WEIT]

Die Welt ist weit und die Wege von Land zu Land,
und der Orte sind viele, ich habe alle gekannt,
ich habe von allen Türmen Städte gesehen,
die Menschen, die kommen werden und die schon gehen.
Weit waren die Felder von Sonne und Schnee,
zwischen Schienen und Straßen, zwischen Berg und See.
Und der Mund der Welt war weit und voll Stimmen an meinem Ohr
und schrieb, noch des Nachts, die Gesänge der Vielfalt vor.
Den Wein aus fünf Bechern trank ich in einem Zuge aus,
mein nasses Haar trocknen vier Winde in ihrem wechselnden Haus.

Die Fahrt ist zu Ende,
doch ich bin mit nichts zu Ende gekommen,
jeder Ort hat ein Stück von meinem Lieben genommen,
jedes Licht hat mir ein Aug verbrannt,
in jedem Schatten zerriß mein Gewand.

Die Fahrt ist zu Ende.
Noch bin ich mit jeder Ferne verkettet,
doch kein Vogel hat mich über die Grenzen gerettet,
kein Wasser, das in die Mündung zieht,
treibt mein Gesicht, das nach unten sieht,
treibt meinen Schlaf, der nicht wandern will ...
Ich weiß die Welt näher und still.

Hinter der Welt wird ein Baum stehen
mit Blättern aus Wolken
und einer Krone aus Blau.
In seine Rinde aus rotem Sonnenband
schneidet der Wind unser Herz
und kühlt es mit Tau.

Hinter der Welt wird ein Baum stehen,
eine Frucht in den Wipfeln,
mit einer Schale aus Gold.
Laß uns hinübersehen,
wenn sie im Herbst der Zeit
in Gottes Hände rollt!

[NOCH FÜRCHT ICH]

Noch fürcht ich, dich mit dem Garn meines Atems zu binden,
dich zu gewanden mit den blauen Fahnen des Traums,
an den Nebeltoren meines finsteren Schlosses
Fackeln zu brennen, daß du mich fändest ...

Noch fürcht ich, dich aus schimmernden Tagen zu lösen,
aus dem goldnen Gefälle des Sonnenflusses der Zeit,
wenn über dem schrecklichen Antlitz des Monds
silbrig mein Herz schäumt.

Blick auf und sieh mich nicht an!
Es sinken die Fahnen, verflammt sind die Fackeln,
und der Mond beschreibt seine Bahn.
Es ist Zeit, daß du kommst und mich hältst, heiliger Wahn!

BEWEIS ZU NICHTS

Weißt du, Mutter, wenn die Breiten und Längen
den Ort nicht nennen, daß deine Kinder
aus dem dunklen Winkel der Welt dir winken?
Du bleibst stehn, wo sich die Wege verschlingen,
und vorrätig ist dein Herz vor jedem andern.
Wir reichen nicht lange, werfen mit Werken um uns
und blicken zurück. Doch der Rauch überm Herd
läßt uns das Feuer nicht sehn.

Frag: kommt keines wieder? Vom Lot abwärts geführt,
nicht in Richtung des Himmels, fördern wir
Dinge zutage, in denen Vernichtung wohnt und Kraft,
uns zu zerstreuen. Dies alles ist ein Beweis
zu nichts und von niemand verlangt. Entfachst du
das Feuer von neuem, erscheinen wir unkenntlich,
geschwärzte Gesichter, deinem weißen Gesicht.
Wein! Aber winke uns nicht.

III Gedichte 1957–1961

BRUDERSCHAFT

Alles ist Wundenschlagen,
und keiner hat keinem verziehn.
Verletzt wie du und verletzend,
lebte ich auf dich hin.

Die reine, die Geistberührung,
um jede Berührung vermehrt,
wir erfahren sie alternd,
ins kälteste Schweigen gekehrt.

[VERORDNET DIESEM GESCHLECHT KEINEN GLAUBEN]

Verordnet diesem Geschlecht keinen Glauben,
genug sind Sterne, Schiffe und Rauch,
es legt sich in die Dinge, bestimmt
Sterne und die unendliche Zahl,
und ein Zug tritt, nenn ihn Zug einer Liebe,
reiner aus allem hervor.

Die Himmel hängen welk und Sterne lösen
sich aus der Verknüpfung mit Mond und Nacht.

HÔTEL DE LA PAIX

Die Rosenlast stürzt lautlos von den Wänden,
und durch den Teppich scheinen Grund und Boden.
Das Lichtherz bricht der Lampe.
Dunkel. Schritte.
Der Riegel hat sich vor den Tod geschoben.

EXIL

Ein Toter bin ich der wandelt
gemeldet nirgends mehr
unbekannt im Reich des Präfekten
überzählig in den goldenen Städten
und im grünenden Land

abgetan lange schon
und mit nichts bedacht

Nur mit Wind mit Zeit und mit Klang

der ich unter Menschen nicht leben kann

Ich mit der deutschen Sprache
dieser Wolke um mich
die ich halte als Haus
treibe durch alle Sprachen

O wie sie sich verfinstert
die dunklen die Regentöne
nur die wenigen fallen

In hellere Zonen trägt dann sie den Toten hinauf

NACH DIESER SINTFLUT

Nach dieser Sintflut
möchte ich die Taube,
und nichts als die Taube,
noch einmal gerettet sehn.

Ich ginge ja unter in diesem Meer!
flög' sie nicht aus,
brächte sie nicht
in letzter Stunde das Blatt.

MIRJAM

Woher hast du dein dunkles Haar genommen,
den süßen Namen mit dem Mandelton?
Nicht weil du jung bist, glänzt du so von Morgen –
dein Land ist Morgen, tausend Jahre schon.

Versprich uns Jericho, weck auf den Psalter,
die Jordanquelle gib aus deiner Hand
und laß die Mörder überrascht versteinen
und einen Augenblick dein zweites Land!

An jede Steinbrust rühr und tu das Wunder,
daß auch den Stein die Träne überrinnt.
Und laß dich taufen mit dem heißen Wasser.
Bleib uns nur fremd, bis wir uns fremder sind.

Oft wird ein Schnee in deine Wiege fallen.
Unter den Kufen wird ein Eiston sein.
Doch wenn du tief schläfst, ist die Welt bezwungen.
Das rote Meer zieht seine Wasser ein!

STRÖMUNG

So weit im Leben und so nah am Tod,
daß ich mit niemand darum rechten kann,
reiß ich mir von der Erde meinen Teil;

dem stillen Ozean stoß ich den grünen Keil
mitten ins Herz und schwemm mich selber an.

Zinnvögel steigen auf und Zimtgeruch!
Mit meinem Mörder Zeit bin ich allein.
In Rausch und Bläue puppen wir uns ein.

GEH, GEDANKE

Geh, Gedanke, solang ein zum Flug klares Wort
dein Flügel ist, dich aufhebt und dorthin geht,
wo die leichten Metalle sich wiegen,
wo die Luft schneidend ist
in einem neuen Verstand,
wo Waffen sprechen
von einziger Art.
Verficht uns dort!

Die Woge trug ein Treibholz hoch und sinkt.
Das Fieber riß dich an sich, läßt dich fallen.
Der Glaube hat nur einen Berg versetzt.

Laß stehn, was steht, geh, Gedanke!,

von nichts andrem als unsrem Schmerz durchdrungen.
Entsprich uns ganz!

LIEBE: DUNKLER ERDTEIL

Der schwarze König zeigt die Raubtiernägel,
zehn blasse Monde jagt er in die Bahn,
und er befiehlt den großen Tropenregen.
Die Welt sieht dich vom andren Ende an!

Es zieht dich übers Meer an jene Küsten
aus Gold und Elfenbein, an seinen Mund.
Dort aber liegst du immer auf den Knien,
und er verwirft und wählt dich ohne Grund.

Und er befiehlt die große Mittagswende.
Die Luft zerbricht, das grün und blaue Glas,
die Sonne kocht den Fisch im seichten Wasser,
und um die Büffelherde brennt das Gras.

Ins Jenseits ziehn geblendet Karawanen,
und er peitscht Dünen durch das Wüstenland,
er will dich sehn mit Feuer an den Füßen.
Aus deinen Striemen fließt der rote Sand.

Er, fellig, farbig, ist an deiner Seite,
er greift dich auf, wirft über dich sein Garn.
Um deine Hüften knüpfen sich Lianen,
um deinen Hals kraust sich der fette Farn.

Aus allen Dschungelnischen: Seufzer, Schreie.
Er hebt den Fetisch. Dir entfällt das Wort.
Die süßen Hölzer rühren dunkle Trommeln.
Du blickst gebannt auf deinen Todesort.

Sieh, die Gazellen schweben in den Lüften,
auf halbem Wege hält der Dattelschwarm!
Tabu ist alles: Erden, Früchte, Ströme …
Die Schlange hängt verchromt an deinem Arm.

Er gibt Insignien aus seinen Händen.
Trag die Korallen, geh im hellen Wahn!
Du kannst das Reich um seinen König bringen,
du, selbst geheim, blick sein Geheimnis an.

Um den Äquator sinken alle Schranken.
Der Panther steht allein im Liebesraum.
Er setzt herüber aus dem Tal des Todes,
und seine Pranke schleift den Himmelssaum.

ARIA I

Wohin wir uns wenden im Gewitter der Rosen,
ist die Nacht von Dornen erhellt, und der Donner
des Laubs, das so leise war in den Büschen,
folgt uns jetzt auf dem Fuß.

Wo immer gelöscht wird, was die Rosen entzünden,
schwemmt Regen uns in den Fluß. O fernere Nacht!
Doch ein Blatt, das uns traf, treibt auf den Wellen
bis zur Mündung uns nach.

FREIES GELEIT (ARIA II)

Mit schlaftrunkenen Vögeln
und winddurchschossenen Bäumen
steht der Tag auf, und das Meer
leert einen schäumenden Becher auf ihn.

Die Flüsse wallen ans große Wasser,
und das Land legt Liebesversprechen
der reinen Luft in den Mund
mit frischen Blumen.

Die Erde will keinen Rauchpilz tragen,
kein Geschöpf ausspeien vorm Himmel,
mit Regen und Zornesblitzen abschaffen
die unerhörten Stimmen des Verderbens.

Mit uns will sie die bunten Brüder
und grauen Schwestern erwachen sehn,
den König Fisch, die Hoheit Nachtigall
und den Feuerfürsten Salamander.

Für uns pflanzt sie Korallen ins Meer.
Wäldern befiehlt sie, Ruhe zu halten,
dem Marmor, die schöne Ader zu schwellen,
noch einmal dem Tau, über die Asche zu gehn.

Die Erde will ein freies Geleit ins All
jeden Tag aus der Nacht haben,
daß noch tausend und ein Morgen wird
von der alten Schönheit jungen Gnaden.

IHR WORTE

Für Nelly Sachs, die Freundin, die Dichterin, in Verehrung

Ihr Worte, auf, mir nach!,
und sind wir auch schon weiter,
zu weit gegangen, geht's noch einmal
weiter, zu keinem Ende geht's.

Es hellt nicht auf.

Das Wort
wird doch nur
andre Worte nach sich ziehn,
Satz den Satz.
So möchte Welt,
endgültig,
sich aufdrängen,
schon gesagt sein.
Sagt sie nicht.

Worte, mir nach,
daß nicht endgültig wird
– nicht diese Wortbegier
und Spruch auf Widerspruch!

Laßt eine Weile jetzt
keins der Gefühle sprechen,
den Muskel Herz
sich anders üben.

Laßt, sag ich, laßt.

Ins höchste Ohr nicht,
nichts, sag ich, geflüstert,
zum Tod fall dir nichts ein,
laß, und mir nach, nicht mild
noch bitterlich,
nicht trostreich,
ohne Trost
bezeichnend nicht,
so auch nicht zeichenlos –

Und nur nicht dies: das Bild
im Staubgespinst, leeres Geroll
von Silben, Sterbenswörter.

Kein Sterbenswort,
Ihr Worte!

IV Gedichte 1964–1967

WAHRLICH

Für Anna Achmatova

Wem es ein Wort nie verschlagen hat,
und ich sage es euch,
wer bloß sich zu helfen weiß
und mit den Worten –

dem ist nicht zu helfen.
Über den kurzen Weg nicht
und nicht über den langen.

Einen einzigen Satz haltbar zu machen,
auszuhalten in dem Bimbam von Worten.

Es schreibt diesen Satz keiner,
der nicht unterschreibt.

BÖHMEN LIEGT AM MEER

Sind hierorts Häuser grün, tret ich noch in ein Haus.
Sind hier die Brücken heil, geh ich auf gutem Grund.
Ist Liebesmüh in alle Zeit verloren, verlier ich sie hier gern.

Bin ich's nicht, ist es einer, der ist so gut wie ich.

Grenzt hier ein Wort an mich, so laß ich's grenzen.
Liegt Böhmen noch am Meer, glaub ich den Meeren wieder.
Und glaub ich noch ans Meer, so hoffe ich auf Land.

Bin ich's, so ist's ein jeder, der ist soviel wie ich.
Ich will nichts mehr für mich. Ich will zugrunde gehn.

Zugrund – das heißt zum Meer, dort find ich Böhmen wieder.
Zugrund gerichtet, wach ich ruhig auf.
Von Grund auf weiß ich jetzt, und ich bin unverloren.

Kommt her, ihr Böhmen alle, Seefahrer, Hafenhuren und Schiffe
unverankert. Wollt ihr nicht böhmisch sein, Illyrer, Veroneser,
und Venezianer alle. Spielt die Komödien, die lachen machen

Und die zum Weinen sind. Und irrt euch hundertmal,
wie ich mich irrte und Proben nie bestand,
doch hab ich sie bestanden, ein um das andre Mal.

Wie Böhmen sie bestand und eines schönen Tags
ans Meer begnadigt wurde und jetzt am Wasser liegt.

Ich grenz noch an ein Wort und an ein andres Land,
ich grenz, wie wenig auch, an alles immer mehr,

ein Böhme, ein Vagant, der nichts hat, den nichts hält,
begabt nur noch, vom Meer, das strittig ist, Land meiner Wahl zu sehen.

PRAG JÄNNER 64

Seit jener Nacht
gehe und spreche ich wieder,
böhmisch klingt es,
als wär ich wieder zuhause,

wo zwischen der Moldau, der Donau
und meinem Kindheitsfluß
alles einen Begriff von mir hat.

Gehen, schrittweis ist es wiedergekommen,
Sehen, angeblickt, habe ich wieder erlernt.

Gebückt noch, blinzelnd,
hing ich am Fenster,
sah die Schattenjahre,
in denen kein Stern
mir in den Mund hing,
sich über den Hügel entfernen.

Über den Hradschin
haben um sechs Uhr morgens
die Schneeschaufler aus der Tatra
mit ihren rissigen Pranken
die Scherben dieser Eisdecke gekehrt.

Unter den berstenden Blöcken
meines, auch meines Flusses
kam das befreite Wasser hervor.

Zu hören bis zum Ural.

EINE ART VERLUST

Gemeinsam benutzt: Jahreszeiten, Bücher und eine Musik.
Die Schlüssel, die Teeschalen, den Brotkorb, Leintücher und ein Bett.
Eine Aussteuer von Worten, von Gesten, mitgebracht, verwendet,
verbraucht.
Eine Hausordnung beachtet. Gesagt. Getan. Und immer die Hand
gereicht.

In Winter, in ein Wiener Septett und in Sommer habe ich mich verliebt.
In Landkarten, in ein Bergnest, in einen Strand und in ein Bett.
Einen Kult getrieben mit Daten, Versprechen für unkündbar erklärt,
angehimmelt ein Etwas und fromm gewesen vor einem Nichts,

(– der gefalteten Zeitung, der kalten Asche, dem Zettel mit einer Notiz)
furchtlos in der Religion, denn die Kirche war dieses Bett.

Aus dem Seeblick hervor ging meine unerschöpfliche Malerei.
Von dem Balkon herab waren die Völker, meine Nachbarn, zu grüßen.
Am Kaminfeuer, in der Sicherheit, hatte mein Haar seine äußerste
Farbe.
Das Klingeln an der Tür war der Alarm für meine Freude.

Nicht dich habe ich verloren,
sondern die Welt.

ENIGMA

Für Hans Werner Henze aus der Zeit der Ariosi

Nichts mehr wird kommen.

Frühling wird nicht mehr werden.
Tausendjährige Kalender sagen es jedem voraus.

Aber auch Sommer und weiterhin, was so gute Namen
wie »sommerlich« hat –
es wird nichts mehr kommen.

Du sollst ja nicht weinen,
sagt eine Musik.

Sonst
sagt
niemand
etwas.

KEINE DELIKATESSEN

Nichts mehr gefällt mir.

Soll ich
eine Metapher ausstaffieren
mit einer Mandelblüte?
die Syntax kreuzigen
auf einen Lichteffekt?
Wer wird sich den Schädel zerbrechen
über so überflüssige Dinge –

Ich habe ein Einsehn gelernt
mit den Worten,
die da sind
(für die unterste Klasse)

Hunger
Schande
Tränen
und
Finsternis.

Mit dem ungereinigten Schluchzen,
mit der Verzweiflung
(und ich verzweifle noch vor Verzweiflung)
über das viele Elend,
den Krankenstand, die Lebenskosten,
werde ich auskommen.

Ich vernachlässige nicht die Schrift,
sondern mich.
Die andern wissen sich
weißgott
mit den Worten zu helfen.
Ich bin nicht mein Assistent.

Soll ich
einen Gedanken gefangennehmen,
abführen in eine erleuchtete Satzzelle?
Aug und Ohr verköstigen
mit Worthappen erster Güte?
erforschen die Libido eines Vokals,
ermitteln die Liebhaberwerte unserer Konsonanten?

Muß ich
mit dem verhagelten Kopf,
mit dem Schreibkrampf in dieser Hand,
unter dreihundertnächtigem Druck
einreißen das Papier,
wegfegen die angezettelten Wortopern,
vernichtend so: ich du und er sie es

wir ihr?

(Soll doch. Sollen die andern.)

Mein Teil, es soll verloren gehen.

ANMERKUNGEN

»Ich.« (S. 9): Die Herausgeber der Werkausgabe verzichteten auf den Abdruck des ersten Teils, da er offenkundig einer noch früheren Entwicklungsstufe entspricht und weniger signifikant ist.

Bewegung des Herzens (S. 10): Die Herausgeber wählten diese sechs Gedichte aus einer Reihe unveröffentlichter Gedichte aus.

Die in eckige Klammern gesetzten Titel wurden von den Herausgebern eingefügt.

Ingeborg Bachmann

Anrufung des Großen Bären
Gedichte. 8. Aufl., 34. Tsd. 1983. 79 Seiten.
Serie Piper 307

Bilder aus ihrem Leben
Mit Texten aus ihrem Werk. Hrsg. von Andreas Hapkemeyer.
1983. 160 Seiten mit 222 Abbildungen. Geb.

Das dreißigste Jahr
Erzählungen. 5. Aufl., 31. Tsd. 1975. 247 Seiten. Ln.

Der Fall Franza – Requiem für Fanny Goldmann
2. Aufl., 12. Tsd. 1979. 192 Seiten. Ln.

Frankfurter Vorlesungen: Probleme zeitgenössischer Dichtung
1980. 105 Seiten. Serie Piper 205

Gedichte Erzählungen Hörspiele Essays
6., durchgesehene Aufl., 75. Tsd. 1981. 357 Seiten. Geb.

Die gestundete Zeit
Gedichte. 8. Aufl., 30. Tsd. 1983. 63 Seiten. Serie Piper 306

Die Hörspiele
Ein Geschäft mit Träumen – Die Zikaden – Der gute Gott von Manhattan.
2. Aufl., 10. Tsd. 1983. 172 Seiten. Serie Piper 139

Ingeborg Bachmann

Das Honditschkreuz
1983. 114 Seiten. Serie Piper 295

Sämtliche Gedichte
1983. 229 Seiten. Geb.

Simultan
Neue Erzählungen. 2. Aufl., 29. Tsd. 1974. 233 Seiten. Ln.

Die Wahrheit ist dem Menschen zumutbar
Essays, Reden, Kleinere Schriften. 2. Aufl., 11. Tsd. 1983.
189 Seiten. Serie Piper 218

Werke
Hrsg. von Christine Koschel, Inge von Weidenbaum, Clemens Münster.
Erster Band: Gedichte · Hörspiele · Libretti · Übersetzungen.
Zweiter Band: Erzählungen. Dritter Band: Todesarten: Malina und unvollendete Romane. Vierter Band: Essays · Reden · Vermischte Schriften · Anhang.
3. Aufl., 23. Tsd. 1984. Zus. 2297 Seiten. Geb. in Kassette

Wir müssen wahre Sätze finden
Gespräche und Interviews. Hrsg. von Christine Koschel und Inge von Weidenbaum.
2. Aufl., 6. Tsd. 1983. 166 Seiten. Ln.

Otto Bareiss / Frauke Ohloff

Ingeborg Bachmann
Eine Bibliographie. Mit einem Geleitwort von Heinrich Böll.
1978. XXXV, 344 Seiten mit 21 Abbildungen; Frontispiz. Ln.

PIPER